SAINT FRANÇOIS DE SALES

SES RAPPORTS AVEC LE DIOCÈSE DE TARENTAISE.

SAINT FRANÇOIS DE SALES

SES RAPPORTS AVEC LE DIOCÈSE DE TARENTAISE

ESSAI HISTORIQUE

DÉDIÉ

A L'ACADÉMIE DE LA VAL D'ISÈRE

Par l'Abbé F.-M. MILLION

Professeur de Théologie, Chanoine honoraire.
Secrétaire perpétuel de cette Académie.

Deus et Patria !

MOUTIERS

IMPRIMERIE DE MARIN LARACINE ET COMP^{ie}

1865

A nos Amis.

Les merveilleuses fêtes qui ont été célébrées à Annecy, à l'occasion du deuxième anniversaire centenaire de la canonisation de saint François de Sales, en ravivant nos souvenirs, les avaient reportés sur le glorieux Apôtre du Chablais.

Un intéressant article, publié par le journal de la Société Florimontane (*), et dû à la plume de M. l'Abbé Ducis, Archiviste de la Haute-Savoie et notre compatriote, nous avait inspiré

(*) *Saint François de Sales en Tarentaise:* Revue savoisienne, n° 5, 15 mai 1865.

l'idée de faire connaître à notre pays les rapports personnels du Saint avec ce diocèse, ainsi que d'autres faits qui se rattachent à sa mémoire.

Nous avons, dans cette intention, communiqué un hâtif travail à *La Tarentaise,* journal de notre ville, qui l'a publié dans ses quatre numéros du mois de juin passé.

Pressé par les conseils de l'amitié, encouragé par l'idée de raviver et de propager davantage en nos vallées le souvenir du grand évêque de Genève, nous avons pensé que notre modeste travail, dont MM. Ducis (*) et Alph. Despine (**) ont daigné parler avec bienveillance, pourrait subir quelques légères retouches et recevoir une nouvelle publicité.

Nous offrons cette toute petite brochure aux cœurs dévoués à la mémoire de l'aimable Saint, aux amis de nos gloires nationales, à ceux de nos compatriotes qui s'intéressent à l'histoire de nos contrées.

(*) *Les familles de Sales et de Villette-Chevron.—Germonio et le Président Favre;* par M. Ducis. Revue savoisienne, n° 6, 15 juin 1865.

(**) *Relation des fêtes commémoratives de la canonisation de saint François de Sales,* p. 97 et 98. Annecy, 1865.

Et, puisque c'est le jour de la fête de saint François de Sales et sous son patronage, que fut arrêté le projet d'une société historique et scientifique qui vient de se constituer définitivement en notre ville, et sollicite actuellement l'approbation du Gouvernement, nous dédions spécialement cet Essai à la naissante *Académie de La Val d'Isère*, dont la fondation a réalisé un de nos vœux les plus ardents.

Qu'elle veuille bien, dès son berceau, accepter ce gage d'une plume dévouée, mais hésitante et timide, qui n'affronte qu'en tremblant les chances d'un tout modeste et presque imperceptible début !

Moûtiers, 5 août 1865.

I.

Saint François de Sales en Tarentaise.

SOMMAIRE.

L'archevêque Germonio confie au Saint le soin de son diocèse. — Il vient à Moûtiers consacrer l'église des PP. Capucins.

Anastase Germonio, des marquis de Cève en Piémont, fut appelé à l'archevêché de Tarentaise comme successeur de Mgr Jean-François Berliet du Bourget, décédé à Moûtiers le 2 janvier 1607. Ayant pris possession de son diocèse le 7 octobre 1608, il consacra pendant cinq ans ses talents supérieurs, sa science rare et son zèle infatigable, à l'administration de son Eglise. Ses travaux furent couronnés d'un plein succès, et produisirent les heureux fruits qu'on avait droit d'attendre sous le gouvernement d'un prélat si illustre. En 1613, pendant la guerre désastreuse du Montferrat et les longs démêlés survenus entre la Savoie et l'Espagne, sur l'ordre du Duc et ensuite d'un avis du Pape, il fut obligé de se charger d'une ambassade difficile auprès de la cour de Madrid (1).

Une étroite amitié unissait alors trois hommes à jamais illustres : saint François de Sales, évêque de Genève, le président Favre et l'archevêque de Tarentaise. Ce dernier, qui, avant son élévation à l'épiscopat, avait occupé une chaire de droit à Turin, et rempli de hautes fonctions à Rome, avait dédié au président Favre son *Livre des Conjectures* (2). Il avait aussi entretenu avec saint François une correspondance théologique sur la question *De Auxiliis*, qui se débattait si vivement alors (3).

Cette amitié s'était resserrée dans des liens plus intimes encore, quand Anastase Germonio, nommé en Tarentaise, vint habiter la Savoie. Aussi, avant de partir pour aller prendre les ordres du Prince et se préparer à son ambassade, il avait recommandé son archidiocèse au saint évêque de Genève, et lui avait confié le soin d'y faire, pendant son absence, les fonctions pastorales qui exigeaient le caractère épiscopal.

Or, pendant que Mgr Germonio séjournait à Nice, où il dut attendre si longtemps l'ordre et la facilité de s'em-

---

(1) *Vie d'Anastase Germonio*, par l'abbé Bonnefoy; Lyon, 1835.

(2) *Germonii Epist.*; L. I, 12; Romae, 1620.

(3) Grillet, *Dict. hist.*, III, 118. — *Œuv. compl. de saint François*, Migne; Vol. VI, col. 935.

barquer pour l'Espagne, les Pères Capucins terminèrent l'église de leur couvent de Moûtiers, situé au faubourg de Saint-Alban (Petit-Séminaire actuel) et construit, en 1612 (1), au moyen des libéralités de l'archevêque et des habitants de la ville.

Ces religieux, unissant leurs prières à celles du Prieur Chavallard, vicaire général de Tarentaise, obtinrent que le saint évêque de Genève vînt faire la consécration de leur église et la bénédiction de leur couvent. Les Pères en conservèrent la mémoire dans une inscription sur marbre, qui se lit encore aujourd'hui vers l'entrée de la chapelle actuelle, ancien chœur de celle des Capucins. En la reproduisant, nous en complétons les abréviations par de petites majuscules :

Deo Optimo Maximo HAnC DICATAm ECcLEsiAM ET IN HOnoREM DEIPARÆ AC SAnCTORum OmniVM IN GLORIAM Beati FRAnciSCI ASSIsIATIS A FRATribus MINORum CAPVCinorum SVB NOminE SAncti ALBANI MARTiris REPARATAM COnSECRAVIT ILLustrissimus FRAnciSCVS DE SALES EPiscopuS GEBENnensis DIE 23 NOVEmbris 1614 ILLUSTRISsimo ANASTASIo GERMONIO ARCHiepiscopo TARENTAsiensi ABSENTE SED ANnVEntE.

Voici la traduction de cette inscription latine :

En l'absence et avec le consentement de l'Ill^me Anastase Germonio, archevêque de Tarentaise, l'Ill^me François

---

(1) Grillet, 1er vol., p. 137, dit 1602; l'abbé Bonnefoy, p. 62 et 103, a copié cette même date erronée. On trouve aux archives des RR. PP. Capucins de Chambéry l'époque de l'érection des couvents de Savoie, et le manuscrit indique, pour celui de Moûtiers, l'année 1612. Nous devons cette communication au P. Camille, de Thonon, décédé ces dernières années, dont les infatigables recherches procurèrent la publication, par M. l'abbé Migne, d'un si grand nombre d'écrits inédits de saint François de Sales et de sainte Chantal.

de Sales, évêque de Genève, consacra, le 23 novembre 1614, cette église dédiée au Dieu très-bon et très-grand, et en l'honneur de la Mère de Dieu et de tous les saints, ainsi qu'à la gloire du Bienheureux François d'Assise, et restaurée par les Pères mineurs Capucins, sous le nom et le vocable de saint Alban, martyr.

Mgr Germonio entretenait une correspondance très active avec le clergé de Tarentaise, dont il était, contre son gré, momentanément séparé. Les trente-sept lettres que nous possédons de ce prélat sont un véritable chef-d'œuvre dans la langue de Cicéron, en même temps qu'elles nous révèlent le cœur tout paternel d'un pasteur accompli.

Quand on eût fait connaître à l'archevêque que l'aimable saint avait daigné venir à Moûtiers, pour faire cette consécration, il en fut grandement consolé, comme il le témoigne à son clergé dans la lettre suivante, datée de Nice, le 5 février 1615 :

« Quant à ce que vous m'écrivez que l'église des Capu-
« cins est achevée et que la dédicace en a été faite, j'en
« ai éprouvé une grande satisfaction, d'autant plus qu'elle
« a obtenu cet honneur par le ministère du très pieux
« évêque de Genève, François de Sales, prélat très sa-
« vant et très vigilant dans l'accomplissement du devoir
« pastoral. A mon départ, je lui avais délégué tous mes
« pouvoirs, en le priant amicalement de me suppléer au
« milieu de vous, surtout pour les affaires qui exigent le
« caractère épiscopal et qui ne peuvent être faites que par
« les évêques. Il s'en est chargé volontiers, et remplit
« avec bienveillance ces pénibles fonctions, comme je le

« ferais moi-même, si, en son absence, il pensait que mes
« services lui fussent utiles, et qu'il me donnât les mêmes
« ordres. Plaise à Dieu que l'occasion vienne satisfaire
« mon désir, et qu'il puisse connaître, en en faisant l'ex-
« périence, que je n'ai pas moins à cœur ses affaires, que
« les miennes lui sont chères; et que je puisse montrer
« que l'affection constante que je porte à cet illustre ami,
« dépasse ses appréciations et celles de tous ses admira-
« teurs..... (1) »

Nous savons donc, par les deux documents que nous venons de citer, que le grand évêque de Genève traversa nos vallées et séjourna quelques jours à Moûtiers. Que nous serions heureux, si nous venions à trouver un jour, dans les archives inexplorées de notre pays, des détails précieux sur ce fait de la vie du Saint, qui a été omis par tous ses biographes! Du moins nous aimons à penser que, puisque les grâces s'attachent aux vestiges des saints, l'aimable évêque, en parcourant notre ville, en s'agenouillant dans nos

---

(1) Clero Tarentasiensi.—Quod scribitis capuccinorum ecclesiam, et absolutam, et dedicatam esse, summopere placuit, eo magis, quo eum honorem assecuta sit per religiosissimum Genevensem Antistitem, Franciscum Salinam, virum doctissimum, atque in pastorali officio vigilantissimum ; cui ego, discedens, partes meas, muniaque pastoralia delegaveram, utque in iis præsertim, quæ ad episcopale officium spectant, nec ab aliis, quam ab episcopis, administrari possunt, vobis adesset, cum amice rogaveram. Quod ille oneris, et libens suscepit, et libentissime sustinet, ut ego quoque sustinerem, si eo absente, operamque meam sibi commodam fore putante, similia facere juberer ; atque utinam desiderio meo occasio respondeat, quo, et ipse expertus cognoscat, res suas mihi non minus cordi esse, quam sibi meæ sint, et ego eam benevolentiam, qua ornatissimum amicum constanter prosequor, et sua et omnium opinione majorem esse ostendam.....—*Germonii Epist.*, Lib. I, 9.

églises, en conversant avec nos devanciers dans le sacerdoce, en bénissant les foules avides de le voir, n'aura pas manqué de semer, sur ce sol que nous foulons, des bénédictions dont le temps n'effacera pas la trace.

II.

Les familles de Sales et de Chevron-Villette.

SOMMAIRE.

Bonaventure de Chevron-Villette, aïeule et marraine du Saint. —Eclaircissements généalogiques.—Soins dont elle entoura l'enfance de saint François de Sales.

Saint François de Sales était attaché à la Tarentaise par d'autres liens que ceux de l'amitié intime qui l'unissait au grand archevêque Germonio. Les liens du sang contribuaient à lui rendre cher ce diocèse, berceau de son aïeule maternelle, et patrie de l'illustre famille des barons de Chevron-Villette, d'où elle était sortie (1).

(1) La famille de Chevron, une des plus anciennes et des plus illustres de la Savoie, habitait le château du même nom, à 5 ki-

On sait que l'aimable saint était fils de François, baron de Thorens, et de Françoise de Sionnaz. Or, cette pieuse dame était fille de Melchior de Sionnaz, seigneur de Vallières et de La Thuille, et de Bonaventure de Chevron-Villette, veuve de Philippe de Dérée et dame de Boisy (1).

Ainsi, la grand'mère maternelle du saint évêque de Genève était née au château de Chevron, dans le diocèse de Tarentaise, du baron Urbain de Chevron-Villette et de Jeanne Du Frénoy. Une chose singulière, dont ne se sont pas rendu compte la plupart des biographes du Saint, les a fait hésiter, et même se contredire, quand ils dûrent nommer l'aïeule maternelle et la marraine de saint François. Tantôt ils la désignèrent sous le nom de sa famille, tantôt ils l'appelèrent dame de Monthoux, dame de la Fléchère, etc., laissant le lecteur incertain sur l'identité de la personne ainsi diversement qualifiée (2). C'est que Bonaventure de Chevron contracta quatre mariages successifs.

lomètres d'Albertville. De cette maison sont sortis : un pape (Nicolas II), quatre archevêques de Tarentaise, un évêque d'Aoste, quatre abbés de Tamié, et un grand nombre de guerriers et de dignitaires attachés à la Cour des Princes de Savoie.—Grillet, Vol. II, p. 212.—Besson, *Mémoires*, p. 54 et 239.—Chevray, *Vie de saint Pierre II*, p. 83 ; etc.

(1) P. Bernard, *Le Prélat apostolique;* Annecy, 1685, p. 245 et 246.—M. Hamon, *Vie de saint François de Sales*, Vol. II, p. 2 et 8 : 2ᵐᵉ édition.—De Baudry, *Vie des principaux ancêtres de saint François*, Œuvres compl., édition Migne ; Vol. I, col. 98 et 99 —*Généalogie de la maison de Sales et de Sionnaz*, Œuvr. compl. ; Migne ; Vol. VI, col. 1123-1126.

(2) *Vie de saint François*, par M. Pérennès; Œuvr. compl., Migne; Vol. 1, col. 115 et 116.—Hamon, *Vie*, Vol. I, p. 8 et 10. —Charles-Auguste, *Histoire du Bienheureux;* Vivès, Tom. I, p. 3.

Elle épousa :

Philippe de Dérée, qui lui laissa, en mourant, la terre de ce nom et celle de Boisy;

Melchior de Sionnaz, qui mourut vers 1554, et lui laissa deux enfants : Françoise, mère du Saint, et Louis, qui fit sa sœur héritière des terres de Vallières et de La Thuille;

Pierre de Monthoux, mort en 1566, et dont elle était veuve depuis cinq mois environ, quand elle épousa en quatrièmes noces Jacques de La Fléchére (1).

Quand en 1560 fut stipulé le contrat de mariage entre le baron de Thorens et Françoise de Sionnaz encore enfant, sa mère, alors dame de Monthoux, lui céda la terre de Boisy, qu'elle avait eue de son premier mari, et dont le seigneur de Thorens porta dès lors le titre. Le mariage fut différé jusqu'en 1565, année où la noble fiancée atteignit ses dix-huit ans (2).

Lorsque saint François naquit, le 21 août 1567, comme il était le premier-né de la jeune famille de Sales, l'honneur de lui servir de marraine revenait, selon l'usage, à sa grand'mère. Ce fut donc Bonaventure de Chevron, veuve de Monthoux, mariée alors au seigneur de La Fléchére, qui tint le saint enfant sur les fonts du baptême, avec son

---

(1) P. Bernard, p. 245.

(2) La plupart des historiens du saint, et même Charles-Auguste, disent que Françoise de Sionnaz fut mariée à 14 ans, en 1560; mais l'abbé de Baudry rapporte en effet à cette époque (12 mai 1560) le contrat, et non le mariage, qui ne dut être célébré que plusieurs années après. Car le contrat rappelle deux fois, dans sa teneur, que la future n'a pas atteint l'âge requis.—*Œuvres compl.*; Vol. I. col. 98 et 99.

beau-frère, François de La Fléchère, prieur du monastère de Sillingy (1).

L'enfant reçut les noms de François-Bonaventure, comme le racontent ses historiens. Mais la joie qu'avait causée sa naissance fit bientôt place aux plus tristes appréhensions. Né prématurément deux mois avant le terme, sa vie n'était qu'un souffle qui menaçait de s'éteindre. Ecoutons Charles-Auguste :

Or, l'enfant estait fort délicat, flouët et petit ; ce qui fut cause qu'on le couchait sur du cotton, et n'oubliait-on rien pour le nourrir : mais, par certain malheur, on fut contrainct de luy changer plusieurs nourrices, et les médecins n'avoyent pas beaucoup d'espérance de sa vie; néanmoins la dame de Montou, son ayeule maternelle, prenait tant de soing auprès de luy qu'à la fin il devint plus fort et robuste (2).

C'est donc Bonaventure de Chevron, dame de la Fléchère, à qui Charles-Auguste donne encore le nom qu'elle avait perdu par son dernier mariage, qui entoura de soins tendres et empressés cet enfant si frêle et si débile dans les premiers mois de sa vie. C'est elle, son aïeule et sa marraine, qui conserva à la famille de Sales, à la Savoie et à l'Eglise cet enfant de bénédiction, sur lequel le Ciel faisait reposer tant d'espérances.

(1) Charles-Auguste et les autres biographes.
(2) *Hist. du B. François,* Tom. 1, p. 3.

III.

Benoît-Théophile de Chevron-Villette.—Sa famille.

SOMMAIRE.

Benoît-Théophile, cousin et fils spirituel du Saint.—Correspondance et relations de saint François avec la famille de Chevron.—L'archevêque De Chevron envoie ses diocésains affligés au tombeau du Saint.—Procession de la ville de Moûtiers.

La parenté des familles de Chevron et de Sales rappelle d'autres souvenirs.

Bonaventure de Chevron était sœur de Michel, père d'Hector. Celui-ci, marié à Jeanne de Menthon, fut le père de Benoît-Théophile, cousin de saint François (1). Benoît-Théophile de Chevron-Villette, après ses cours de droit

(1) P. Bernard. p. 245 et suiv.

civil et canonique, s'était témérairement engagé dans la carrière des armes. Diverses circonstances la lui firent quitter plus tard pour entrer dans le clergé. Ce fut à Annecy, auprès de son saint cousin, qu'il vint s'affermir dans sa vocation, et puiser les vertus ecclésiastiques; c'est de ses mains qu'il reçut l'ordination sacerdotale. Bientôt après, il fut pourvu du doyenné de Notre-Dame de Liesse dans la même ville; mais il résigna cette dignité en 1620 pour se faire religieux Bénédictin dans l'abbaye de Talloires, que saint François avait réformée. Il ne servit pas peu à consolider cette réforme par l'exemple qu'il y donna de toutes les vertus religieuses; mais il fut, malgré lui, tiré de son humble cellule, douze ans plus tard, pour être élevé sur le siège de Tarentaise, où il succéda à Mgr Germonio (1).

Il gouverna cette Eglise de 1632 à 1658, avec un zèle si admirable, avec une prudence si consommée, que ses contemporains se plurent à reconnaître qu'il marchait sur les traces de son saint cousin, et que ses rares vertus étaient comme le reflet de celles de l'évêque de Genève. Aussi fut-il constamment regardé comme un saint, et la voix du peuple aima toujours à lui donner le titre de bienheureux, que les traditions encore vivantes ne séparent jamais de son nom.

Au moment où il allait placer ses vertus à l'ombre du cloître de Talloires, le Duc de Savoie le demandait à la cour, en qualité d'aumônier de la duchesse. La baronne de Chevron, sa mère, fut vivement peinée de ce qu'il avait

(1) Besson, *Mémoires*, p. 220.—P. Bernard, p. 9, 27, 30, 32 et suiv.

refusé une si haute position et quitté son doyenné pour devenir religieux. Elle fit manifester son mécontentement à saint François, l'accusant de n'avoir pas employé la puissante influence de ses conseils pour retenir son fils. A cette occasion, le Saint écrivait d'Annecy au baron de Rochefort la lettre suivante, en date du 12 février 1620 :

« Vous savez bien que le bon Monsieur le doyen de
« Chevron, mon cousin et votre parent, que j'avais retenu
« dès il y a trois ans, enfin s'est retiré à Talloires dans
« la vocation monastique. De quoi, c'est la vérité, qu'il
« communiqua premièrement avec moi sur le sujet du re-
« fus qu'il fit d'aller auprès de Madame, où Mgr le séré-
« nissime prince le désirait ; mais ce fut avec une résolu-
« tion en laquelle il n'y aurait plus aucun lieu de conseil,
« cependant madame de Chevron, ma bonne tante, a
« pensé jusqu'à présent que j'avais été l'auteur de cette
« retraite.... (1) »

Saint François entretenait une sainte et intime correspondance avec la famille de Chevron. Ayant eu la douleur de perdre sa tendre et pieuse mère en 1610, il faisait part de cette fâcheuse nouvelle à la baronne de Chevron (2), qui habitait alors le château de Dérée près du lac d'Annecy, en ces termes :

« J'aurais tort d'avoir tant attendu à vous rendre les
« actions de grâces que je vous dois, pour la souvenance
« que vous avez à moi témoignée par le petit poulet que

(1) *Œuvr. compl.* Migne ; Vol. VI, col. 1086.
(2) C'est la belle-sœur de Benoît-Théophile, épouse de son frère aîné.

« mon frère m'apporta, si je n'avais été distrait par le
« trépas de ma pauvre bonne mère, qui m'oblige d'être à
« Sales quelque temps pour rendre cette dernière assis-
« tance à cette chère personne. Mon excuse est fâcheuse;
« je m'assure à votre cœur qui de sa grâce aimait fort cette
« amie défunte, laquelle de son côté vous honorait d'une
« affection toute dédiée à votre service. Mais, ma chère
« cousine, vous serez toute consolée quand vous saurez
« qu'elle vous a laissé toutes sortes d'arguments d'espérer
« que son âme est reçue en la main dextre de son Dieu,
« qui est enfin l'unique bonheur auquel nous aspirons en
« cette basse et misérable vie mortelle. Or, il faut bien,
« ma chère cousine, que vous m'aimiez un peu plus main-
« tenant pour réparer le manquement que j'aurai en terre
« de l'amour que cette mère me portait. Faites-le, je vous
« supplie, chère cousine, et soyez bien dévote, tandis que
« je m'attends de vous revoir bientôt ici, selon l'assurance
« que vous en donnâtes à mon frère...

« *P. S.* Oserais-je bien demander par votre entremise
« le pardon requis à la faute que je fais de ne point écrire
« à M. le baron mon cousin? Certes, c'est que je suis fort
« pressé d'écrire(1). »

En 1612, l'aimable saint écrivait au baron de Chevron-Villette, son oncle, alors à la Cour de Turin en qualité de conseiller d'Etat et de maître-d'hôtel de S. A. R. En cette lettre, datée du 21 septembre, et relative au projet de ma-

(1) *Œuvr. compl.* Migne: Vol. VI. col. 658. Lettre du 16 mars 1610.

riage de M. de Giez (1), son cousin, le doux évêque faisait à son oncle, dans les termes les plus charmants, une ouverture concernant la vocation de sa jeune cousine.

« ..... Hier, écrivait-il, ma chère petite cousine me vint
« voir, qui m'expliqua son intention pour le regard de la
« vocation religieuse, et me dit son petit cas si honnête-
« ment et gentillement que j'en demeurai fort édifié et
« consolé. Ce fut qu'elle désirerait bien d'avoir la volonté
« d'être religieuse à la Visitation, mais qu'elle ne pouvait
« s'y résoudre, parce qu'elle ne pouvait se ranger à une
« si grande perfection, et ne lui était pas avis qu'elle la
« puisse entreprendre. Mais parce qu'elle me dit qu'elle
« vous en avait écrit fort amplement, je ne vous dirai
« point le reste de nos discours, desquels la conclusion
« fut qu'elle me priait de vous faire agréer de la suppor-
« ter en son imperfection. Je crois bien que la pauvre
« petite ne pense nullement au mariage, et qu'elle s'ac-
« commoderait à une autre sorte de vie, pourvu qu'on
« n'observât pas une règle si absolue comme on fait à la
« Visitation. Certes, je la trouve si bonne fille, que je ne
« puis m'empêcher d'espérer que de quel côté qu'elle se
« tourne, elle ne vous donne de la satisfaction..... (2) »

Nous trouvons dans l'Histoire du Saint par Charles-Auguste de Sales, son neveu, la lettre qu'il adressa à son

---

(1) Les différentes branches de la famille de Chevron possédaient alors les châteaux de Chevron, de Villette, de Dérée ou d'Hérée, de Giez, et en portaient les titres. Le château de Giez, près Faverges, est encore habité par M. le baron de Villette, noble descendant de cette illustre famille.

(2) *Œuvr. compl.* T. VI. col. 681.

oncle Aimé de Chevron, en 1617, à l'occasion de la mort prématurée de son cher frère Bernard, baron de Thorens. Voici ce véritable modèle de cordial épanchement et d'héroïque résignation :

Hélas! il n'est que trop vray que vous avez perdu un tres-humble nepveu et fidelle serviteur, et moy mon tres-cher frere, que j'aymois incroyablement pour plusieurs bonnes raisons, outre celle du sang. C'est quasi un songe des gens qui veillent de sçavoir ce pauvre garçon mort aussitost qu'arrivé en ce pays-là, et sans avoir eu le loisir de voir son prince, auquel il allait consacrer sa vie et son courage. Or, après toutes les idées que le desplaisir me donne, je conclus que Dieu l'ayant voulu, ç'a esté le mieux. Que son nom soit bény, et les decrets de sa volonté adorez és siecles des siecles. Certes, je crois bien que M. de Giez mon cousin, M. le baron de Bonvillaret, et mon nepveu du Vuad auront ressenty grandement cette perte, comme sçachants que ce pauvre trespassé les chérissait et honorait tres-particulierement.... Dieu par sa bonté les vueille proteger et conduire parmy les hazards où ceste guerre les porte. Que vous diray-je plus, Monsieur mon oncle? Ce pauvre garçon decedé s'estait destiné à la vie militaire, et pouvait mourir de cent façons plus lamentables que celle de laquelle il est mort. Benit soit Dieu, qui l'a ravy devant les duels, les mutineries, les desespoirs, et en somme devant ces innombrables occasions d'offencer Dieu que ceste espece de vocation donne en ce miserable aage (1).

(1) *Ch.-Aug.* Vivès, T. II, p. 161.

Hâtons-nous de raconter la dernière entrevue du Saint avec sa tante, la baronne de Chevron, mère de Benoît-Théophile.

C'était en 1621, une année avant sa mort, saint François, accompagné de son frère et coadjuteur, l'évêque de Chalcédoine, s'était rendu de Talloires à l'ermitage de saint Germain, pour y célébrer la translation solennelle des reliques de ce Bienheureux.

Fatigué et épuisé par les travaux d'un ministère excessivement accablant, il désirait laisser le soin de son diocèse à son frère, et se retirer en cette solitude pour y terminer sa sainte carrière.

O Dieu! disait-il, que c'est une bonne et aggreable chose que nous soyons icy! Resoulument il faut laisser à nostre coadjuteur le poids du jour et de la chaleur, cependant qu'avec nostre chappellet et nostre plume nous y servirons Dieu et son Eglise. Les conceptions nous viendraient en teste aussi dru et menu que les neiges qui y tombent en hyver (1).

Néanmoins, après les cérémonies de la fête, François de Sales descendit à Talloires, où il vit Dom Benoît-Théophile, et de là, traversant le lac, alla visiter, au château de Dérée, la baronne de Chevron, *en dessein de luy bailler du soulagement et de la consolation parmy les ennuys de sa vieillesse.*

A la fin d'une touchante conversation, qui nous fait res-

(1) *Charles-Aug. Vivès*, Vol. II, p. 225.

souvenir de celle de Monique et d'Augustin à Ostie, le saint prélat dit à sa pieuse tante :

Nous nous envieillissons, Madame : c'est pourquoy il est temps de penser tout de bon à la vie future. Elle lui répondit : *La vérité est telle, Monseigneur, quant à moi : je suis vieille, et pour ce il ne me reste plus rien que la pensée de la mort. Mais vous vous portés fort bien, Dieu mercy, Monseigneur, et estes encore d'un aage robuste : Dieu vous garde de plus longues années, puisque vous estes encore nécessaire à son Eglise. Mais moy, je ne sers plus rien au monde, et je suis des-ja aagée de septante-deux ans.*

Le saint évêque termina l'entretien par ces paroles prophétiques : *Tout cela ne veut rien dire, Madame : je ne laisseray pas que d'aller le premier, et vous me suivrés* (1).

Quand saint François eut terminé sa sainte vie à Lyon, le 28 décembre 1622, et que ses précieux restes furent rapportés à Annecy le 23 janvier 1623 (2), son tombeau, placé dans l'église de la Visitation, devint aussitôt le centre d'un immense concours de fidèles de toutes les contrées.

Les premières formalités exigées pour sa béatification avaient commencé vers 1627, et se prolongèrent jusqu'en 1661. Monseigneur de Chevron était monté sur le siège de Tarentaise dès 1632 ; sa vie nous offre deux faits qui trouvent ici leur place.

(1) *Charles-Aug.* Vivès, Vol. II, p. 226.
(2) *Saint François de Sales, ses reliques sous la Terreur :* A. Despine : Annecy, 1865. p. 57. — *Ch.-Aug.* Vol. II. p 273.

Un terrible fléau, bien fréquent en ces temps-là, éclata sur la Savoie en 1640 ; il menaçait d'y renouveler les ravages qu'il y avait faits dix ans auparavant. La peste décimait çà et là les ouailles de l'archevêque de Tarentaise, et épouvantait le troupeau qui vivait sous sa houlette (1).

Le bon Pasteur se disposait à donner sa vie pour son peuple quand, à cause de ses infirmités, les chanoines de sa métropole le prièrent en grâce de vouloir bien se décharger sur eux du soin des malades.

Par condescendance, il sembla céder à leurs vœux si pressants, mais il se réserva toujours de visiter lui-même les agonisants de sa ville épiscopale et des alentours, pour leur donner l'absolution soit l'indulgence générale en forme de jubilé, selon le pouvoir que le Pape lui avait accordé.

Ce fut durant cette peste qu'il fit vœu, de concert avec les habitants de Moûtiers, atterrés par cette effrayante calamité, d'aller en procession au tombeau du bienheureux François de Sales (2).

Le jour fixé, les confrères et les pieux pèlerins de Moûtiers se mirent en route pour Annecy ; l'archevêque marchait, en habit de pénitent, à la suite de son peuple, rappelant ainsi la procession que saint Charles Borromée avait faite à Milan, dans une semblable circonstance, et aussi celle qu'avait faite saint François lui-même, d'Annecy à Aix avec la confrérie de Sainte-Croix (3).

(1) *Le Prélat apostolique,* p. 86 et 87.
(2) *Ibid.,* p. 226.
(3) Charles-Aug., Vol. I, p. 86 et suiv.—Hamon, Vol. I, p. 124. —Pérennès. *Œuvr. compl.,* Vol. I, col. 220.

En ce temps, Dom Juste Guérin était évêque de Genève. Dès qu'il fut averti de l'arrivée des pieux pèlerins aux portes d'Annecy, il vint à la rencontre de l'archevêque avec son clergé, et, l'embrassant tendrement, il s'écria : *Benedictus qui venit in nomine Domini*, faisant une aimable allusion au nom de Benoît. L'archevêque lui répondit par un à-propos non moins ingénieux : *Justum deduxit Dominus per vias rectas* (1).

Quel jour de suave épanchement pour les deux prélats! Tous les deux purent croire qu'ils embrassaient saint François lui-même, en embrassant, l'un son successeur, l'autre son cousin, son disciple et son imitateur.

Les diocésains de Tarentaise étaient si fortement convaincus de la sainteté de l'évêque de Genève, qu'avant même ce mémorable pèlerinage, et durant la vie du Saint, ils accouraient à Annecy pour avoir part aux célestes faveurs qu'il semait sous ses pas. Ainsi, en 1620, raconte Charles-Auguste, « Un pauvre paysan qu'on avait amené
« du coin de la Tarentaise, et qui fut logé chez l'Hugonie
« de Fontainevive, femme de Catherin Goddet, bourgeois
« d'Annecy, ayant été touché du Saint, et ayant reçu sa
« bénédiction, se vit à la même heure guéri et délivré de
« la méchante folie de laquelle il était misérablement tour-
« menté (2). »

Après le pieux et bel exemple donné par leur premier pasteur, nos aïeux allaient en foule se presser autour de la châsse du thaumaturge de leur temps, et n'en revenaient

(1) P. Bernard, p. 226.
(2) *Pouvoir de saint François de Sales.* p. 29. Annecy. 1865.

pas sans que leur foi eût été récompensée par des grâces signalées. En 1666, un marchand de Moûtiers, à qui on avait volé une valise contenant la valeur de 20,000 fr., et qui ne pouvait plus en espérer le recouvrement, recourut à l'intercession du Saint, et promit d'aller rendre ses actions de grâces et faire célébrer des messes en l'église de la Visitation, s'il retrouvait ces valeurs; aussitôt on vint lui donner des renseignements sur sa valise, qui lui fut rendue intacte (1).

Mais voici un fait mémorable, arrivé sous l'épiscopat de Mgr de Chevron, et qui donna un merveilleux accroissement aux pèlerinages si fréquents établis de Moûtiers à Annecy.

Le P. Bernard raconte qu'une femme de ce pays, après avoir employé sans succès, pour la guérison de sa fille, tous les moyens humains, après avoir essayé de fléchir la divine bonté par des vœux et des prières, alla toute en larmes faire part de son malheur à l'archevêque.

Il l'assura immédiatement de la grâce qu'elle demandait avec tant d'instances, pourvu qu'elle allât la solliciter au tombeau du saint évêque. Elle le fit, et, comme le prélat le lui avait prédit, sa fille recouvra une santé parfaite (2).

Nous regrettons vivement que l'auteur que nous citons ait tû la date de cette guérison et le nom de la personne qui obtint cette faveur; néanmoins, nous ne pensons pas nous tromper en croyant que le fait raconté par le P. Bernard n'est que la reproduction succincte de celui qui résulte

(1) *Pouvoir de saint François de Sales*, p. 353.
(2) *Le Prélat apostolique*, p. 29, etc.

d'une déposition assermentée de la Mère de Chaugy, et qui figure au procès de canonisation de saint François. Nous sommes forcé d'en analyser le récit.

Le 4 juillet 1657, le R. P. Jacques Harel, Minime, raconta à la Mère de Chaugy, supérieure de la Visitation d'Annecy, une merveille qui venait de se passer sous ses yeux. Une femme de Tarentaise lui avait présenté sa petite fille âgée de neuf à dix ans, nommée Antonie Durand, le priant de l'entendre en confession, parce qu'elle venait l'offrir au tombeau du serviteur de Dieu, pour demander à la divine Majesté, par son intercession, de vouloir la guérir et la délivrer d'un maléfice, soit d'une possession dont elle était atteinte.

Cette enfant,—le fait fut constaté,—ne pouvait vouloir faire le signe de la croix sans qu'aussitôt son bras et sa main ne s'attachassent à son côté et n'y demeurassent comme collés, de sorte que les hommes les plus robustes ne pouvaient les en détacher, et qu'on eût dit qu'ils étaient liés par des crampons de fer.

De même, quand elle voulait réciter le *Pater*, l'*Ave Maria*, ou toute autre prière, sa langue tout-à-coup s'attachait à son palais. Ces mêmes faits s'étant renouvelés quand l'enfant voulut commencer sa confession, le R. P. alla célébrer la messe en sa présence, pendant que sa mère désolée la tenait devant le tombeau. Après le saint sacrifice, la jeune fille se trouvant dans le même état, sa mère lui fit baiser la pierre du tombeau, tandis que la Mère de Chaugy se mettait en prière avec toutes les sœurs pour obtenir sa guérison.

Après midi, le R. P. Harel venait d'entrer au parloir du monastère avec le P. Louis Refavier et parlait à la supérieure, quand la mère d'Antonie accourut, battant des mains et s'écriant : *Le bienheureux François de Sales vient de guérir ma fille!* L'enfant suivait sa mère, de sorte que l'on put immédiatement s'assurer de sa complète guérison.

Alors l'heureuse femme raconta que sa petite fille était restée vers le tombeau jusqu'à onze heures et demie, et l'ayant baisé plusieurs fois, elle dut la faire sortir pour prendre quelque nourriture; qu'en arrivant au logis l'enfant lui dit : *Ma mère, je suis presque entièrement guérie, je ne me sens plus de mal qu'au bout de mon petit doigt, où toute la pesanteur que je souffrais s'est retirée;* qu'alors elle la reconduisit au tombeau, qu'elle baisa de nouveau, et se sentit parfaitement guérie.

La mère déclara qu'elle s'appelait Thomaze Donzel, et sa fille Antonie Durand, que son mal avait commencé en août 1656, par une maladie inconnue; que lorsqu'on voulait la presser de prier, elle déchargeait des coups plus furieux que n'auraient pu faire les personnes les plus robustes; et, que depuis Noël de la même année, elle criait comme un crapaud, grimpait par les murailles comme un lézard avec les talons, la tête et les mains pendues en bas.

Elle ajouta qu'Antonie, sur l'ordre de l'archevêque de Tarentaise, avait été exorcisée par M. Bernard, curé *des Fines* (1); mais que ce prêtre ayant appris qu'elle avait fait vœu de conduire sa fille à Annecy, cessa les exorcismes

(1) Evidemment il y a erreur dans ce mot; nous n'avons pas de paroisse de ce nom. Il faut lire : curé *des Naves;* car il conste.

et en référa à Mgr de Chevron, qui lui fit dire de se hâter d'aller accomplir son vœu.

La Mère de Chaugy, termine sa déposition par ces mots : « Ceci est encore connu et notoire à tous (1). »

Puissent ces faits merveilleux, appuyés sur les plus irrécusables témoignages, se répéter de bouche en bouche dans nos vallées, riches en églises, en chapelles et en oratoires dédiés au saint Apôtre du Chablais, et y inspirer aux générations naissantes les sentiments de foi et de confiance qui animaient nos aïeux !

par les registres de cette paroisse, 1° que Rd Jean-Baptiste Bernard en fut curé de 1652 à 1697 ; 2° que Thomaze, fille de Pierre Donzel, y fut mariée à Georges, fils de Claude Durand, le 27 février 1642.

(1) *Pouvoir de saint François de Sales*, p. 186.

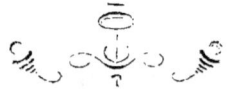

IV.

Charles-Auguste de Sales.

SOMMAIRE.

Détails sur Charles-Auguste, neveu du Saint.—Son ministère en Tarentaise.—Sa retraite aux Voirons.—Son rappel à Annecy. —Sa correspondance avec Mgr de Chevron.

Tout ce qui se rattache à la mémoire des saints est d'un puissant intérêt; aussi continuons-nous avec bonheur à glaner notre modeste gerbe dans le champ des glorieux souvenirs. Nous devons parler de Charles-Auguste de Sales, neveu et troisième successeur de saint François, et cousin de l'archevêque de Chevron-Villette.

Fils du comte Louis et de Claudine-Philiberte de Pingon,

il naquit le 1ᵉʳ janvier 1606 (1). Son saint oncle, qui l'aimait tendrement, l'avait béni dès le sein de sa mère, et se plaisait à l'appeler son *petit Jacob*, parce que, comme ce patriarche, il était boiteux par suite d'un accident dû à la négligence de sa nourrice (2).

Quand, en 1607, Madame de Chantal vint au château de Sales pour conférer avec saint François, Charles-Auguste avait dix-sept mois (3). La sainte veuve, *qui l'aima toujours depuis d'une sainte inclination,* le bénit et le combla de ses caresses et de ses soins empressés; elle lui mit au cou un précieux reliquaire d'or; elle aimait à le porter en ses bras et à le tenir sur ses genoux. Ce fut elle qui conseilla de le sevrer, et le jour qu'on le fit, elle le porta à l'église, où elle communia avec la mère et la grand'mère de l'enfant, après qu'elle l'eût fait bénir par le prêtre (4).

Il n'avait que trois ou quatre ans lorsqu'il perdit sa mère, et, l'année d'après, sa pieuse aïeule, mère de saint François. Dès lors, la sainte l'entoura de sa sollicitude toute maternelle. A l'âge de huit ans, il n'avait encore appris qu'à lire, et c'était dans le livre de *l'Introduction à la vie dévote,* seul ouvrage qu'il eût eu jusqu'alors entre les mains. La sainte le fit remarquer à son oncle, qui, en

(1) De Baudry, *Œuvr. compl.;* Migne, Vol. I, col. 1169.

(2) Hauteville, *Maison de Sales,* Part. III.

(3) Plusieurs auteurs : Henri de Maupas du Tour, Nicolas de Hauteville, l'abbé Bougaud, dans leur Vie de sainte Chantal; M. Hamon, dans celle de saint François, rapportent ce voyage à l'année 1605; l'abbé de Baudry a rectifié cette erreur, en indiquant la date que nous donnons. *Œuvr. compl.,* Vol. I, col. 1169.

(4) L'abbé Bougaud, Vol. I, p. 178.

1615, le fit venir auprès de lui pour qu'il commençât ses premiers cours au collége d'Annecy.

Ce fut elle encore qui conseilla, en 1623, de l'envoyer à Lyon suivre les leçons de théologie chez les Pères de la Compagnie de Jésus. Aussi, avant de partir, alla-t-il recevoir la bénédiction et prendre les avis de cette mère adoptive. Il fut de retour en 1628, et reçut de son oncle Jean-François de Sales, les saints ordres (1).

La Mère de Chantal voulut lui donner sa première soutane, et lui fit de ses mains sa première ceinture. Le jeune clerc comprit parfaitement la valeur d'un don si affectueux, et garda toujours cette ceinture comme une relique précieuse, qu'il ne portait qu'aux jours de fêtes solennelles (2).

Elevé à la prévôté de la cathédrale dès 1630, il fut, l'année suivante, ordonné prêtre, et nommé vicaire-général et official du diocèse de Genève. Quoique bien jeune encore, il remplit ces fonctions difficiles avec un zèle qui rappelait celui de son saint oncle, et s'adonnait en même temps avec ardeur au ministère de la prédication, dans lequel il excellait (3).

Mais, en 1635, quelques mois avant la mort de l'évêque Jean-François de Sales, il résigna tous ces bénéfices, se démit de ces charges et se retira dans l'ermitage de N.-D.

---

(1) Il avait été confirmé et tonsuré par saint François, le 14 mars 1620.—*Pèlerinage au tombeau de saint François*, p. 71. Annecy, 1865.

(2) L'abbé Bougaud. — *Œuvr. compl.*, Vol. I, col. 1170.

(3) De Baudry. *Œuvr. compl.*; Vol. I, col. 1171-1174.—Grillet, Vol. III, p. 321.

des Voirons, en Chablais, pour s'y livrer à l'attrait qui l'avait de tout temps attiré vers la solitude (1).

Cependant, l'archevêque de Tarentaise, Mgr de Chevron, venait de terminer, en 1636, sa première visite générale commencée en 1633; il était sur le point de se rendre à Rome pour visiter le tombeau des Apôtres, et présenter au Pape l'état de son diocèse. Pour que ses ouailles ne souffrissent pas de son absence, il appela à Moûtiers son cousin Charles-Auguste, le fit vicaire-général et official, et lui remit la direction des affaires (2).

A son retour, l'année suivante, ce ne fut que par les plus vives instances qu'il le décida à rester auprès de lui pour partager les travaux de son administration. Ils commencèrent ensemble à Pallud, le 10 mai 1638, la seconde visite générale, qui ne fut terminée qu'en 1643 (3). Mais depuis 1641, on ne voit plus figurer M. de Sales comme co-visiteur. Il était retourné aux Voirons, l'année même où mourut sainte Chantal (4).

Pendant que Charles-Auguste était encore en Tarentaise, déjà l'évêque de Genève, Dom Juste Guérin, désirait ardemment l'avoir pour coadjuteur et faisait d'actives démarches à cette fin. Mgr de Chevron avait pareillement fait des instances pour l'obtenir lui-même; mais M. de Sales avait refusé les propositions qu'on lui avait faites à ce sujet.

(1) Besson, p. 76.—De Baudry, *Œuvr. compl.*; Vol. I, col. 1171.
(2) Besson, *ibid.*—Grillet, Vol. III, p. 321.
(3) Archives de l'évêché de Tarentaise.
(4) Sainte Chantal mourut à Moulins, le 13 décembre 1641. Charles-Auguste prononça son oraison funèbre à Annecy, en 1642.

Dès que l'on apprit à Moûtiers qu'il était demandé pour Genève, Mgr de Chevron supposant une arrière-pensée dans son cousin, l'appela dans son cabinet et se plaignit paternellement de ce qu'après avoir refusé de lui servir de coadjuteur, il voulait bien être celui d'un autre (1). Mais Charles-Auguste l'assura du contraire, et lui promit de continuer ses services dans son diocèse. Il le fit en effet pendant trois ans encore, jusqu'au moment de sa retraite aux Voirons.

De son côté, l'évêque de Genève avait persisté dans ses instances auprès de Madame Royale, et venait d'obtenir la faveur qu'il sollicitait. En conséquence, il écrivit à M. de Sales, en son ermitage, la lettre suivante datée du 1er avril 1643 :

« Monsieur et très-cher frère,

« Il n'y a plus de résistance à faire de votre part.
« Madame Royale m'a fait cette grâce de m'accorder que
« vous vinssiez tenir ma place, et réparer tous mes défauts
« dans cette fatigante charge. Certainement je viens de lui
« écrire que la seconde grâce qu'elle m'a accordée de vous
« avoir pour mon coadjuteur, est sans comparaison plus à
« mon gré que la première faveur qu'elle me fit de me nom-
« mer évêque de Genève, et me retirer de mon cloître
« sans aucune sollicitation, ni prétention de mon côté.
« Notre digne Mère (de Chantal) était en ce temps à Tu-
« rin, et si elle était encore en ce monde, elle vous por-

(1) *Vie de Dom Juste Guérin*, par Dom Maurice Arpaud, Barnabite: Annecy, 1678.

« terait ce témoignage que je n'acceptai jamais cette crosse
« que dans l'espérance de vous la remettre en main, par
« le grand désir que j'avais de revoir le gouvernement
« de ce diocèse en la maison de mon bienheureux pré-
« décesseur François de Sales, au nom duquel, après
« avoir invoqué la Très-Sainte Trinité, Père, Fils et
« Saint-Esprit, je vous commande, comme votre prélat
« et votre pasteur très-indigne, de ne plus faire de résis-
« tance et de venir servir les brebis de votre très-saint
« oncle, et tenir la charge et le rang où l'obéissance vous
« appelle....

« Vous êtes en la force et vigueur de votre âge (1), et
« non point lié dans un ordre, mais tout à vous-même.
« Donnez-vous donc promptement à nous, Monsieur, et
« ne manquez pas de vous trouver ici pour la première
« assemblée de notre synode, afin que vous montrant à tous
« vos curés, nous bénissions Dieu tous ensemble de la
« grâce qu'il nous a faite.

« *Juste, évêque de Genève* (2). »

Charles-Auguste ne put qu'obéir à des ordres si pressants. Il fut préconisé évêque d'Hébron (3) et coadjuteur
de Genève le 3 août 1643 ; mais Urbain VIII ayant laissé

(1) Il n'avait alors que trente-sept ans.
(2) *Vie de Dom Juste Guérin.—Œuvr. compl.:* Migne, Vol.
I, col. 1180.
(3) L'abbé de Baudry dit : « Archevêque d'Hébron. » *Œuvr.
compl.;* Migne, Vol. I, col. 1181.—Grillet (Vol. III, p. 324), et
Besson (p. 76), disent : « Évêque d'Hébron. »—Pie IX a donné
ce même titre à Mgr Mermillod, auxiliaire de Genève. Qui n'a
senti toute la délicatesse et l'à-propos de cette admirable ins-
piration du cœur du saint Pontife glorieusement régnant?

le saint-siége vacant en 1644, ses bulles ne furent expédiées que par Innocent X, et reçues le 27 avril 1645. Le sacre eut lieu le 14 mai suivant dans l'église de St-Dominique d'Annecy (aujourd'hui St-Maurice). L'archevêque de Tarentaise fut le prélat consécrateur; il était assisté des évêques de Belley et de Genève (1).

Enfin, ce dernier étant mort à Rumilly le 3 novembre, Charles-Auguste fut investi de l'évêché de Genève six mois après sa consécration. Il le gouverna jusqu'au moment de son décès, qui arriva en sa maison de Tréson, le 8 février 1660, deux ans après la mort de Mgr de Chevron (2).

Ces deux prélats avaient entretenu une correspondance dont nous devons extraire quelques citations (3).

En 1646, Charles-Auguste écrivait à Mgr de Chevron pour recommander à ses prières la station de l'Avent qu'il allait prêcher à Chambéry. Et, comme ce prélat lui avait confié deux affaires importantes qui le préoccupaient grandement, l'évêque de Genève lui promettait le secours de ses prières et toute son influence. L'une de ces affaires concernait les difficultés que l'on suscitait aux religieuses Bernardines qu'il avait établies à Conflans (4); l'autre était relative à la demande d'un coadjuteur.

(1) *Vie de Dom Juste Guérin.*—Besson, Grillet, *loc. cit.*
(2) Besson, Grillet, de Baudry, *ibid.*—Mgr de Chevron était mort à Moûtiers, le 16 juin 1658.
(3) La reproduction intégrale de cette correspondance figurera dans un ouvrage qui est en préparation.
(4) Ces Religieuses étaient de l'ordre de Citeaux, de la réforme de saint François de Sales. Elles avaient passé de l'abbaye de Sainte-Catherine d'Annecy, à Rumilly, sous la conduite de Louise-Blanche-Thérèse Perrucard du Ballon.—Grillet. Vol III, p. 231.

Alors, en effet, il s'agissait d'obtenir la coadjutorerie en faveur de Révérend Thomas De Loche qui, de théologal de Tarentaise, était devenu doyen de la collégiale de Sallanches (1). Charles-Auguste écrivait donc le 28 novembre :

« ....Je ne manqueray de m'employer de tout mon
« pouvoir pour nos très-chères sœurs Bernardines aux-
« quelles je suis tout acquis, quand ce ne serait que parce
« qu'elles sont vos filles véritablement aimables... Je ne
« manqueray aussi de porter aux autels le dessein de
« Votre Seigneurie Ill^{me} et Rév^{me} touchant la coadjutore-
« rie affin que vous en ayez tout contentement et que la
« gloire de Dieu en soit servie... Un temps fut que j'espé-
« rais que votre cher diocèse serait accru d'une maison de
« cet Ordre (2) mais j'en désespère, puisque même l'on per-
« séquute les pauvres colombes que j'ay eu l'honneur d'y
« voir introduire... (3) » On verra plus loin, en effet, que l'archevêque avait fait les démarches les plus actives pour procurer une maison de la Visitation à sa ville de Moûtiers.

Le prieuré du Saint-Sépulcre d'Annecy était sous la juridiction des archevêques de Tarentaise (4). Cette

(1) Neuf ans plus tard, M. de Loche fut nommé coadjuteur ; les bulles étant arrivées, il se préparait à être sacré sous le titre d'archevêque de Corinthe, quand une violente maladie l'emporta subitement. — P. Bernard, p. 98.—Grillet, Vol. III, p. 343. — Besson, p. 146.

(2) L'ordre de la Visitation, établi à Annecy.

(3) Extrait de l'autographe.

(4) Besson, p. 117.

maison, tombée dans le relâchement, ne pouvait pas plus longtemps s'astreindre aux observances régulières et demandait, par des voies détournées, à être sécularisée.

Un de ses chanoines ou religieux venait de partir dans cette intention pour Rome, et l'on avait écrit à Moûtiers que l'évêque de Genève favorisait ce projet, et avait donné licence et mission à ce délégué. Mgr de Chevron, réclamant en faveur des droits de sa charge, en avait écrit à Charles-Auguste, le 13 décembre 1651. Celui-ci lui répondit, le 18 du même mois :

« Il se peut faire, et je le croy, que celuy qui a donné
« l'advis touchant le Saint-Sépulchre à V. G. Ill^{me} soit
« zélateur des advantages de votre croix ; mais j'ose bien
« dire pourtant qu'il l'a donné sans être bien informé...
« ...Car il n'est pas véritable que j'aye donné aucune com-
« mission à celui qui est allé à Rome... ny que j'aye eu
« aucune part en ce que ces bonnes gents peuvent avoir
« délibéré pour se séculariser... Il est vray que leur envoyé
« estant sur son départ, me demanda des lettres particu-
« lières pour aborder les prélats de Rome, mais je les lui
« refusay, en lui disant qu'il vous les devait avoir de-
« mandées ; tout ce qu'il peut obtenir de moy, fut un té-
« moignage simple qu'il est prestre, et en quelque façon
« comme notre bienheureux Père en donna au sieur Don-
« net, *facultatem eundi quo voluerit et manendi ubi*
« *potuerit* (1). Sur l'assurance qu'il me donna de vous

(1) Permission d'aller où il voudrait, et de demeurer où il pourrait.

« avoir veu, je deu croire qu'il avait rendu ses devoirs
« et qu'il n'agissait que selon vos volontés. Et, comme
« ce n'est pas ma coutume ny mon intention de mettre ma
« faux en la moisson d'autruy, je luy donnay à ma porte de
« la rüe où il m'aborda, la bénédiction qu'il me deman-
« dait, sans m'informer plus avant... Je vous supplie
« donc, Monseigneur, de croire que je suis tout-à-fait esloi-
« gné des sentiments que les semeurs d'yvroye voudroient
« faire à croire que j'ay, au préjudice des respects que
« je vous dois.... (1) »

En 1652, les procédures de la béatification de saint François de Sales rencontraient de nouvelles difficultés; les choses traînaient en longueur, malgré le zèle que l'on déployait de toutes parts en deçà des monts.

Mgr de Chevron, comme singulièrement affectionné à son saint parent, avait désiré recevoir quelque commission apostolique relative aux informations qui se poursuivaient. Charles-Auguste, par une lettre du 28 avril, l'entretint de cette affaire, et lui fit connaître le motif pour lequel la Congrégation ne l'avait point commis.

« Monseigneur, il m'est impossible de représenter assez
« naifvement ma douleur sur le refus qu'on a fait à Rome
« de vous donner la commission que nous avions deman-
« dée et espérée pour achever les formalités qu'on veut
« estre nécessaires en l'affaire de la canonization de
« nostre bienheureux Père. Monsieur Gini, résident de
« Savoie et procureur de la cause, m'escrit qu'il lui a été

(1) Autographe.

« impossible de rien obtenir de cela pour V. Grandeur,
« à cause de ce que l'on a représenté au Pape pour jus-
« tifier la proposition de la nécessité que vous avez d'un
« coadjuteur, tant par vos lettres propres, que par les
« formalités que le Nonce de Turin et Monseigneur de
« Mauriene en ont faites. De sorte qu'il nous faut recourir
« ailleurs (1). »

On comprend aisément combien ce sacrifice dut coûter au cœur de Mgr de Chevron; il eût tant désiré témoigner sa reconnaissance au vénérable Père qui lui avait imposé les mains, en consacrant le reste de sa vie à hâter sa glorification et l'approbation solennelle de son culte!

La Providence en avait disposé autrement, et le bienheureux Benoît-Théophile dut aller embrasser saint François, son cousin, dans le ciel, avant de l'avoir vu élevé sur les autels de la terre (2).

(1) Autographe.
(2) Mgr de Chevron mourut en odeur de sainteté à Moûtiers, le 16 juin 1658; saint François de Sales fut béatifié le 16 décembre 1661, et canonisé le 19 avril 1665.

V.

Sainte Jeanne-Françoise de Chantal et son Institut.

SOMMAIRE.

Vénération mutuelle entre Mgr de Chevron et la Sainte.—Ce Prélat prend à Rome la défense de l'Ordre.—Démarches diverses pour obtenir un monastère de Visitandines à Moûtiers.—Passage de la Sainte en Tarentaise.—Correspondance.

Les saints revivent dans leurs œuvres et surtout dans les âmes qu'ils ont formées à leur école.

Saint François de Sales eut le talent merveilleux de transformer les personnes qui vécurent dans son intimité, en véritables copies de lui-même. Sainte Jeanne-Françoise de Chantal, surtout, retraça ses vertus avec toute la délicatesse de leurs nuances. Toute imprégnée de son esprit, son âme était comme un pur miroir, où la physionomie du Saint se peignait tout entière.

Une intime et sainte affection unissait l'archevêque de Tarentaise à la fondatrice de la Visitation. Cette amitié, toute d'estime et de vénération mutuelle, s'était formée à Annecy, lorsque Benoît-Théophile habitait le palais et jouissait de l'intimité de son bienheureux cousin. Son élévation sur le siège de Tarentaise n'en rompit pas les liens.

En l'année 1637, Mgr de Chevron était à Rome. Des cœurs pervers avaient inventé et fait parvenir jusqu'à la ville sainte de noires calomnies contre l'Ordre de la Visitation, qui se propageait avec une rapidité merveilleuse [1].

Les choses étaient arrivées à un tel point, que l'archevêque dut prendre la défense de cet institut, et en faire l'apologie devant le Pape. Le zèle qu'il mit à protéger l'œuvre de son saint cousin triompha des préjugés qu'on avait fait naître; la Cour romaine se désista de la résolution qu'elle avait prise d'investir le prélat d'une commission apostolique pour faire la visite de toutes les maisons de l'Ordre.

Ces faits, que l'archevêque s'empressa de faire connaître à sainte Chantal, dès son retour, sont consignés dans une

[1] Depuis 1610, que fut commencé le monastère d'Annecy, jusqu'en 1638, soixante et quinze Maisons de la Visitation furent fondées. — *Liste des monastères....Œuvr. compl.*; Vol. IX, col. 1062.

lettre-circulaire qu'elle écrivit à toutes les supérieures de l'institut, cette même année (1).

Dès que Mgr de Chevron eût pris possession de son siége, il conçut le projet de doter sa ville épiscopale d'un monastère de la Visitation. Quelques années après, il sollicita et obtint du Duc de Savoie des Lettres-Patentes qui l'y autorisaient. Il en fit part à la sainte fondatrice, qui lui répondit, le 20 janvier 1638 :

« Monseigneur, ces lignes seront pour vous rendre nos
« très-humbles remerciements de tant de témoignages
« d'affection et de bonne volonté dont il vous plaît grati-
« fier notre petite congrégation, nous ayant choisies
« parmi une infinité d'âmes pour nous établir en votre
« ville. S. A. R. ayant fort franchement accordé la pat-
« tente sur la requête qu'il a plu à votre Seig^{ie} lui en
« faire, c'est un bien que nous recevons de votre bonté,
« Monseigneur, comme un surcroît d'obligation à celles
« que nous vous avons du passé... Il me reste seulement
« à supplier notre Seigneur que celles qui seront si
« heureuses que d'être employées à ce bon œuvre soient
« telles qu'elles puissent rendre premièrement gloire à
« Dieu, et à vous, Monseigneur, toute l'édification et
« satisfaction, que votre bonté et piété en peut attendre,
« par leur très-humble soumission et obéissance ; voilà
« le souhait de mon cœur... (2) »

L'archevêque répondit le 14 février. Il faisait connaî-

(1) Œuvr. compl. de saint François; Guyot, 1850; Vol. V, p. 138, Lettre 146.
(2) Œuvr. compl.: Migne, Vol. IX, col. 827.

tre à la Sainte qu'il ne restait plus qu'à obtenir le consentement de la ville pour l'établissement projeté, et lui manifestait le dessein qu'il avait formé de confier l'éducation des jeunes personnes aux soins des religieuses qu'elle lui enverrait. C'est qu'en vérité Moûtiers se trouvait manquer d'institution de ce genre; et les Clarisses, au défaut des Visitandines, furent obligées plus tard de se charger de cette œuvre.

Sainte Chantal faisait, le 25 du même mois, la réponse suivante :

« Monseigneur et très-honoré Père,

« La lettre dont il vous a plu m'honorer m'a donné un
« grand contentement, voyant la sainte affection que votre
« bonté nous témoigne et la satisfaction que vous recevez
« en l'espérance d'avoir de nos chères sœurs en votre ville.
« Je crois que M. Moris soit maintenant auprès de vous
« pour tâcher d'avoir la permission de la ville, sans la-
« quelle sans doute, le sénat ne vérifiera pas les patentes...
« Les affaires de Dieu reçoivent toujours de grandes
« difficultés, et d'autant plus grandes qu'elles doivent da-
« vantage réussir à sa gloire....

« Quant aux jeunes filles que votre Seig^{rie} Ill^{me} trouve bon
« que l'on reçoive, nos sœurs suivront en cela vos avis,
« m'assurant, Monseigneur, que vous ne trouverez pas
« à propos que le nombre en fût grand, ni que leur
« âge fusse si tendre qu'elles fussent encore incapables de
« recevoir des instructions en piété et bonne éducation.

« Enfin, nous nous en remettrons à votre jugement et
« sainte dilection paternelle.... (1)»

Il était question, au printemps de l'année 1638, de la fondation du monastère de Turin. L'archevêque sachant que la Mère de Chantal devait y accompagner ses filles, la pria de s'employer pour obtenir de la Cour les jussions nécessaires pour vaincre la résistance du Sénat, qui n'avait pas encore entériné les Lettres-Patentes concernant Moûtiers. La sainte répondait d'Annecy, le 7 mars :

« Il est vrai que tout est disposé pour notre passage à
« Turin, mais néanmoins nous ne partirons qu'après
« Pâques, je vous remercie très-humblement, Monsei-
« gneur, des bons souhaits qu'il plaît à votre bonté
« de faire sur ce dessein, que je prie Dieu vouloir être à
« sa seule et pure gloire, comme aussi celui que je vois
« que votre piété désire toujours de voir accomplir en
« votre ville.....

« Nous tâcherons d'obtenir de Madame Royale les
« recommandations nécessaires afin que les fruits et
« mérites de ce bon œuvre soient ajoutés à tant de saintes
« et charitables actions que votre Seig^{ie} fait continuelle-
« ment ; que si Dieu nous donne vie et que nous retour-
« nions par la Val-d'Aoste nous recevrons votre sainte
« bénédiction, et jouirons de l'honneur et consolation de
« votre chère présence, ce que je souhaite de tout mon
« cœur... (2) »

(1) Œuvr. compl.; Migne, Vol. VI, col. 849, et Vol. VIII, col. 735.

(2) Ibid.; Migne, Vol. VIII, col. 1897.

Dans sa réponse du 14 mars, Mgr de Chevron lui fait part de nouvelles difficultés qu'oppose le Sénat ; il l'invite à passer à Moûtiers, si ce n'est en se rendant à Turin, au moins à son retour, et demande à la communauté une communion générale à son intention.

Sainte Chantal écrit, les premiers jours d'avril :

« De vrai, je crois que votre bonté doit de rechef em-
« ployer sa charité et ses faveurs envers S. A. R. pour
« obtenir des jussions puissantes pour vaincre les difficul-
« tés de messieurs du Sénat, afin qu'un si grand bien ne
« soit pas longtemps retardé... Je vous assure, Monsei-
« gneur, que si Dieu nous fait passer en Piémont, comme
« l'on nous en donne toujours l'espérance, ce ne sera pas
« sans recevoir l'honneur et la consolation que votre bonté
« nous offre avec tant de charité... Nous ne manquerons,
« Monseigneur, de faire la communion générale que
« vous désirez, et de très-bon cœur. 1 »

Cependant, le voyage pour la fondation du monastère de Turin fut ajourné à l'automne. Sainte Chantal partit d'Annecy le 14 septembre 1638, passa à Rumilly, se rendit à Chambéry, et de là vint à Moûtiers.

Charles-Auguste de Sales était alors en Tarentaise auprès de l'archevêque ; c'est lui qui nous raconte, dans l'oraison funèbre de la Sainte, ce dont il fut témoin :

« Au sortir de Chambéry, elle prit son chemin par la Tarentaise, et, comme la nouvelle de ce voyage s'était répandue, elle trouva la route bordée par des foules de pay-

1 Œuvr. compl.: Migne, Vol. VIII, col. 1898.

sans descendus de leurs villages pour la voir. Du plus loin qu'ils apercevaient sa litière, ils se mettaient à genoux et demandaient sa bénédiction.

« Monseigneur de Chevron et son grand vicaire vinrent la recevoir à trois lieues de Moûtiers. Partout on la traitait comme une sainte ; j'en suis témoin oculaire pour ce qui regarde les peuples de la Tarentaise, qui fléchissaient les genoux quand elle passait.

« L'archevêque ne voulut pas qu'elle logeât autre part qu'en son palais. Il la reçut, avec les six sœurs qu'elle accompagnait à Turin, comme si Dieu lui eût envoyé une ambassade extraordinaire. Il conféra autant qu'il put avec elle, et le lendemain, il voulut lui montrer le chemin du Petit-Saint-Bernard, qui conduit en la Val-d'Aoste.

« Il nous dit avec joie : *Allons accompagner une sainte.* Et, quand nous fûmes de retour : *Dieu soit béni, cette journée n'est pas perdue, car nous avons rendu, selon notre petit pouvoir, nos hommages à une sainte.* »

La fondatrice, Mathilde de Savoie, marquise de Pianessi, était venue au devant des sœurs jusqu'à Aoste ; elle les accompagna à Turin, où elles arrivèrent le 30 septembre [1].

Le 28 du mois suivant, sainte Chantal écrivait à Mgr de Chevron. Elle lui faisait part des difficultés que rencontrait l'établissement qu'elle était allée fonder, lui faisait connaître que Dom Juste avait enfin accepté la proposition de l'évêché de Genève, que les informations canoniques se

[1] *Vie de sainte Chantal,* par l'abbé Bougaud ; Vol. II. p. 408. — Daurignac, *Hist.,* p. 328-330.

faisaient, mais qu'il posait comme condition qu'on lui accorderait un coadjuteur.

La Mère de Chantal désignait assez le sujet que l'on avait en vue, en priant Mgr de Tarentaise de saluer Charles-Auguste, son cousin, et en ajoutant : « Vous pouvez bien penser celui sur qui l'on jette les yeux (1). »

Enfin, le 3 décembre, la sainte fondatrice écrit de nouveau que l'établissement de Turin est terminé, que toutes les difficultés étant aplanies, l'archevêque (2) a permis aux sœurs de garder chez elles le Saint-Sacrement et de commencer leurs offices publics. Elle annonce qu'elle a fait venir les deux religieuses professes qu'elle avait laissées à Aoste, que les vocations se montrent nombreuses, et que trois vêtures se préparent. Elle ajoute :

« J'ai parlé à Madame Royale de la fondation que votre
« Seig^{ie} désire à Moûtiers, elle témoigne toute bonne
« volonté... Je pense que si votre bonté lui en témoi-
« gnait son désir et l'utilité des âmes, avec la nécessité de
« donner moyen de retraite à celles qui voudraient se
« consacrer à Dieu, votre diocèse étant dépourvu de
« monastère propre à cela, je crois d'ici, Monseigneur,
« que cela avancerait bien l'affaire... Nous attendrons
« votre volonté avant que d'en reparler... Nous avons eu
« l'honneur de voir quelquefois la bonne Madame de Che-
« vron (3), nous la voudrions bien voir plus souvent, j'ai

---

(1) Œuvr. compl.; Migne, Vol. VIII, col. 1917.—Il était question de Charles-Auguste de Sales.

(2) Antoine Provana, archevêque de Turin.

(3) Belle-sœur de Benoît-Théophile, veuve de son frère.

« demandé à Mgr l'archevêque le congé pour la laisser
« entrer, mais elle est fort infirme ; j'ai la consolation
« de voir en cette chère dame tant de vertus et d'affec-
« tions pleines de révérence et confiance qu'elle a pour
« nous, mon très-cher seigneur, et pour tout ce qui re-
« garde la maison de Chevron, en quoi je la loue, étant
« vraiment digne de louanges pour cela, Dieu voulant
« que toutes les veuves conservassent tels respects et
« affections à la mémoire de leur mari....(1) »

Qui n'a remarqué, en lisant ces pages, la sainte et puissante influence que saint François de Sales avait exercée sur les personnages qui figurent dans notre récit. Ils avaient tous puisé dans son intimité une telle conformité d'esprit avec lui, qu'en lisant les nombreuses lettres que nous avons citées, on les croirait inspirées par le même cœur et écrites par la même main.

Les pensées du Saint, sa douceur, sa bonté, sa finesse, son style inimitable dans sa simplicité et sa délicate fraîcheur, tout semble avoir passé en eux. Mais, cette douce influence s'est fait sentir bien au delà du cercle de l'intimité ; tous les heureux contemporains du saint évêque l'ont subie, la Tarentaise n'y a point été soustraite.

Ce fut une compensation à l'insigne faveur que la Providence fit comme briller un instant aux yeux de nos devanciers, quand, en 1614, il fut question de transférer le saint évêque de Genève à l'archevêché de Tarentaise.

Mgr Germonio était retenu au delà des monts, le Duc

(1) *Œuvr. compl.;* Migne, Vol. VIII ; col. 1921.

de Savoie voulait l'y fixer pour profiter plus facilement des services que sa rare capacité pouvait rendre à l'État. On pensait à lui donner pour successeur, son intime ami, François de Sales. Mme de La Fléchère fit à ce sujet une ouverture, à laquelle le grand évêque de Genève répondit par cet aimable billet :

« Je n'ai pas seulement pensé à ce que vous m'écrivez
« sur la Tarentaise ; je fais trop de cas de la viduité pour
« me remarier jamais. Non, certes, si jamais j'avais ma
« liberté, jamais je ne la quitterais. Néanmoins, je la
« quitte de tout mon cœur entre les mains de Notre-Sei-
« gneur, afin qu'il fasse de moi selon son très-bon plai-
« sir (1). »

(1) Œuvr. compl.; Migne, Vol. XI, col. 972.

www.ingramcontent.com/pod-product-compliance
Lightning Source LLC
LaVergne TN
LVHW021739080426
835510LV00010B/1297